Made in the USA
Las Vegas, NV
30 November 2022

60502776R00057